AF267907

# MORALISATION

DU

## SUFFRAGE UNIVERSEL

PAR LA REPRÉSENTATION

### De l'Intelligence, de la Famille et de la Propriété

#### AU MOYEN DE LA PLURALITÉ DES VOTES

PAR

## FERNAND NICOLAŸ

Avocat à la Cour d'appel.

PARIS

IMPRIMERIE ET LIBRAIRIE DE CHARLES NOBLET

18, RUE SOUFFLOT, 18

# MORALISATION

DU

## SUFFRAGE UNIVERSEL

PAR LA REPRÉSENTATION

DE L'INTELLIGENCE, DE LA FAMILLE
ET DE LA PROPRIÉTÉ

AU MOYEN DE LA PLURALITÉ DES VOTES

De la manière dont est réglé le suffrage
dépend la perte ou le salut des Etats.
(MONTESQUIEU, *Esprit des Lois.*)

Prima societas in ipso conjugio.
(CICÉR.. *De off.*, I.)

De toutes les réformes que la France désire aujourd'hui, il n'en est peut-être pas de plus grave dans ses conséquences que celle de l'électorat. On comprend, en effet, qu'une institution de cette nature doit avoir une influence décisive sur la solution des problèmes religieux, politiques ou sociaux, qui passionnent les intelligences contemporaines.

Les bonnes lois font les bons citoyens : soit, mais la réciproque n'est pas moins vraie ; et un pays n'aura le droit de compter sur des lois sages et honnêtes qu'autant qu'il déléguera le pouvoir de légiférer à des hommes dont la vie présentera ce double caractère de sagesse et d'honnêteté.

Le suffrage universel a-t-il eu une utilité toute de circonstance ?

C'est là une question d'histoire, curieuse peut-être, mais dont l'étude ne présente pas grand intérêt pratique. En effet, ce qui semble incontestable, c'est que ce rouage politique, tel qu'il fonctionne, est usé. Combien de fois les candidats n'ont-ils pas même recueilli le quart des suffrages des électeurs inscrits !

Chose singulière ! la liberté du vote est-elle restreinte : on crie à l'inégalité ; il faut que le peuple prenne part à la direction de la chose publique... cette concession est absolument nécessaire... Accorde-t-on l'universalité du suffrage : la faveur tant désirée est à peine obtenue, qu'on la méprise en négligeant d'en profiter. Et, lorsque à la vue de l'indifférence publique le législateur parle de retirer une liberté dont la France s'est montrée tant de fois rassasiée (1), on crie encore à l'attentat et à l'injustice. Que faire donc ? Fermer l'oreille pour ne pas se laisser étourdir par des récriminations auxquelles il est impossible de donner satisfaction, comme l'expérience l'a suffisamment démontré, et prendre souci bien plutôt de ce que le sens commun conseille, que de ce que l'on réclame inconsidérément.

A quoi doit-on attribuer la faveur dont a joui à l'origine le suffrage universel ? Incontestablement à l'idée égalitaire dont il semblait être la plus flatteuse application ; et cependant, il paraît impossible de nier que sous ce mirage d'égalité, qui a ébloui trop longtemps, se cache une dangereuse injustice.

Est-ce que chacun de nous apporte en naissant des notions infuses de politique et de science sociale ?

N'est-ce pas une iniquité révoltante de donner à un ministre et à son huissier, à un magistrat et à son cocher, *identiquement* la même importance politique ? d'admettre que celui qui ne possède rien a le même intérêt au respect de la propriété que celui qui dirige des usines importantes ou exploite de vastes domaines ? de considérer le célibataire indépendant et sans foyer comme étant aussi soucieux de l'ordre public que le père de famille qui donne à son pays de nombreux et dévoués défenseurs ? Aussi le suffrage universel, ne fût-il pas démonétisé par

(1) Sur 12.935,776 électeurs inscrits, on trouve pour 1872, par exemple, 4,959,506 abstentions.

l'usage ou plutôt par l'abus qu'on en a fait, devrait néanmoins être modifié au nom des principes de l'équité.

Cette injustice une fois reconnue, on a cherché à diverses époques le moyen d'y porter remède.

Quelles qualités devait-on exiger de l'électeur?

Des qualités morales, la vertu, l'honneur? Ce serait l'idéal. Mais quel serait le tribunal qui jugerait?

Des qualités intellectuelles? Mais il est des citoyens dont l'intelligence est des plus pénétrantes et dont les mœurs sont dépravées cependant; et ceux qui croient régénérer le suffrage universel par la diffusion de l'instruction *seulement* sont dans une illusion profonde. Qu'ils exigent, s'ils le veulent, que pour être inscrit sur la liste électorale le citoyen ait reçu une instruction primaire aussi complète que possible : est-ce là une preuve que l'électeur sera soucieux d'assurer l'ordre public?

Comment! parce que l'électeur pourra lire lui-même le nom des éligibles, vous voyez là une garantie *suffisante* du bon choix du candidat auquel il donnera sa voix!

En vérité, ce n'est pas sérieux.

Quel moyen avons-nous donc de prévenir les dangereux résultats qui seraient les conséquences inévitables du principe?

Rendre le vote *obligatoire?*

Sans doute cette innovation a sa valeur, et nous l'accueillons, malgré ce qu'elle a véritablement de pénible ; toutefois, n'oublions pas qu'une pareille loi forcera bien, il est vrai, les gens honnêtes à sortir de leur apathie et de leur indifférence coupable, mais qu'en même temps elle augmentera le nombre des votes subversifs.

Et quand même la ruche sociale ne serait pas inquiétée par ces frelons de la pire espèce, n'est-il pas triste que la société exige de ses membres, sous menace d'amende, qu'ils s'intéressent à leur pays? Quoi donc! des suffrages arrachés ainsi par la crainte auraient quelque valeur! ils seraient vraiment l'expression de l'intime pensée de la nation! Vous vous imaginez qu'un article de loi peut remplacer un sentiment! qu'on peut, en un mot, prescrire à quelqu'un l'amour patriotique éteint en son cœur! Non ; il est de ces choses qui se sentent, mais que l'on n'impose pas, et qui, par leur nature même, sont réfractaires à toute contrainte.

Et comme cette grande et noble fonction, qui devrait être un honneur pour tous, s'analyserait en définitive en une *corvée* d'un nouveau genre, en une obligation gênante sanctionnée par un nouvel article pénal, l'électeur, ne voyant dans cette faveur qu'on prétendrait lui *infliger* qu'une mesure vexatoire, espérerait peut-être, en faisant pièce au gouvernement, le dégoûter à jamais de cet impôt patriotique : il lui apprendrait que dans notre pauvre France il suffit que le gouvernement émette un vœu quelconque, pour qu'immédiatement presque tout le monde prenne des sentiments contraires.

Il est une autre base sur laquelle on croit pouvoir établir la loi électorale de façon à conjurer les périls inévitables du régime actuel.

Quiconque possède prend intérêt au maintien du bon ordre, sinon par amour patriotique, au moins dans un but égoïste : aussi, dit-on, prendre pour base la *condition censitaire*, est-ce suivre une bonne politique susceptible de rassurer les plus timides. Et non-seulement, poursuit-on, il y a utilité à en agir ainsi, mais c'est encore justice ; car, tandis que le prolétaire ne peut donner à la patrie que sa personne, celui qui possède doit donner et donne effectivement, en plus, une partie de son propre bien qui, à un point de vue élevé, est quelque chose de lui-même : ses souffrances, ses privations, ses labeurs transformés, le travail accumulé, en un mot. Enfin, ajoute-t-on, c'est une prime donnée au travail, c'est une rémunération équitable du courage de celui qui a pu en quelque sorte doubler sa personnalité en multipliant ses énergies.

Cette théorie, *vraie* dans une certaine mesure, mais qui ne compte pour rien les personnes, est injuste sous ce dernier rapport ; et de plus amènerait de funestes conséquences, si elle était EXCLUSIVE.

D'abord elle est injuste en tant que trop absolue.

S'il est vrai, ce que je suis le premier à reconnaître, que très-souvent l'indigence (dans ce cas il serait plus exact de dire la misère) a pour cause, soit le désordre de la femme, soit surtout l'inconduite et l'immoralité du mari, on ne saurait nier cependant qu'il est aussi de nombreuses familles, irréprochables à tous points de vue, que le salaire insuffisant du père, les infirmités, les maladies, le nombre d'enfants, semblent condamner à une pauvreté indéfinie, et qui, en dépit de l'ordre le plus parfait, du labeur le plus persévérant, de la sobriété la plus stricte, ne pourront jamais espérer figurer sur la liste électorale modifiée par le cens, si abaissé qu'il soit.

Voici un homme que j'ai le droit de supposer le plus honnête qui soit au monde, laborieux et par suite ami de l'ordre, intelligent, instruit même, qui va se voir rejeté de la participation aux affaires. Et pourquoi?... Une seule chose lui manque : l'argent. Peut-être en aurait-il aujourd'hui, s'il n'avait préféré sa noble pauvreté à un gain illicite ou à des entreprises aventureuses? Il a fait son devoir, et vous l'en punissez; vous lui apprenez qu'ici-bas

> La vertu sans argent n'est qu'un meuble inutile.

Demandez-vous quelles pourront être les conclusions que tirera cet homme de l'humiliation injuste que vous lui aurez infligée.

Donc, premier vice du régime censitaire EXCLUSIF : il fait perdre à la cause de l'ordre les voix des citoyens honnêtes, tout en commettant une injustice.

Inversement, il admet à l'honneur du vote cet homme opulent qui n'a peut-être ni principe, ni moralité; cet homme plus soucieux du menu de son fin souper que du bonheur de son pays. Vienne un soulèvement populaire : le soir il sera à la frontière, emportant avec soi ses richesses ; et vous l'entendrez quitter le sol de ses pères en répétant cet odieux brocard : « La patrie est là où l'on vit bien. »

Cette seule garantie qu'offrait ce malheureux sans entrailles et sans amours avouables... la fortune... qui l'intéressait à la paix publique, voyez-vous comme elle vous échappe... Plusieurs comme lui ont été surpris par les derniers événements ; soit, c'est un avis dont ils se promettent bien de profiter « la fois prochaine. » Entendez leurs projets et vous n'en sauriez douter.

Est-ce à dire pour cela que la majeure partie de ceux qui possèdent ne se compose pas de gens infiniment intéressés à la prospérité commune, honnêtes, dévoués même? est-ce à dire que la propriété ne doive pas peser dans la balance électorale?

Non, mille fois non. Mais enfin la critique que nous faisons n'en reste pas moins entière; et tout le monde conviendra avec nous que, dans cette catégorie « des heureux du monde, » tout comme ailleurs, il est des hommes indignes de s'approcher de l'urne électorale : les exemples sont par malheur trop fréquents et trop retentissants. On peut être favorisé de la fortune et se trouver dans la plus profonde indigence intellectuelle; on peut être grand par la position et bas par le cœur; on peut posséder des domaines princiers, s'attirer une considération d'emprunt que beaucoup prêtent volontiers à la fortune, et cependant devant Dieu n'être qu'un ténébreux coquin.

Donc, second danger du cens pris comme base UNIQUE du suffrage : *il admet sur la liste électorale tout individu qui a une certaine quantité d'argent, fût-il dépourvu de toute moralité.*

Mais les indignités légales, dira-t-on, vous n'en tenez donc pas compte? Si celui dont vous parlez est un homme sans honneur, sans moralité, il sera frappé par celles que la loi a prévues (1).

Quoi donc! du moment qu'on n'a pas figuré sur le banc des assises ou de la police correctionnelle, on a à peu près les qualités requises pour faire un bon citoyen !

Hélas! ce que nous disions tout à l'heure à l'occasion de la fortune, nous pouvons le redire ici : on peut être bien coupable au regard de la conscience sans avoir jamais eu de démêlés avec la justice, ni même encouru la moindre amende de police : « L'honnête homme légal, comme on l'a dit, peut être un criminel devant la morale. »

Et ici je parle surtout des mœurs.

Qui ne sait que souvent l'on peut impunément commettre

---

(1) Décret organ. 2 févr. 1852, art. 15 et 16.

lés plus grands attentats contre la moral e sans même prendre la peine de sauver les apparences?

Est-il vrai que la loi n'inquiétera pas le mari criminel qui manque à sa foi hors du domicile conjugal; qu'il n'encourra qu'une simple amende, s'il pousse l'impudence jusqu'à consommer son crime sous le toit de l'épouse? (C. P., art. 339.)

Est-il vrai que la loi ne dira rien au séducteur à la seule condition qu'il n'ait pas fait usage de violences physiques, l'enfant, dès l'âge de 13 ans, étant réputée assez expérimentée et assez forte pour échapper aux entreprises dirigées contre sa vertu? (C. P., 331.)

Que quiconque aura attenté aux mœurs en excitant ou facilitant la débauche ou la corruption des mineurs ne sera punissable qu'autant qu'il y aura HABITUDE, les faits pris isolément ne semblant pas assez graves pour motiver une répression *quelconque* (1)!

Est-il vrai que l'on déclare « qu'il est de principe et de ju-« risprudence que l'individu qui a excité à la débauche pour « satisfaire ses propres passions n'est pas regardé comme cou-« pable par notre législation (2)? »

Que cette impunité protége même le maître, l'instituteur, *le pere* qui auront corrompu les enfants dont ils ont la garde, pourvu qu'il n'y ait point eu trafic (3)?

(1) C. P. 334.
(2) T. C. Niort, 7 déc. 1861.
Cassat. 28 avril 1862 : « Attendu que le fait *isolé* d'avoir excité à la dé-« bauche pour satisfaire ses passions personnelles, quelque odieux et ré-« préhensible qu'il soit sous le point de vue moral, *n'est pas atteint* par la « loi pénale. »
Arrêt. Limoges, 18 mars 1840 : « Attendu que ce n'est pas favoriser ou « faciliter la débauche que de séduire une jeune fille dans l'intérêt de ses « propres passions... »
V. aussi Cassat. 26 nov. 1840, 19 mai 1841, 28 avril 1842, 19 juill. 1845, 12 mai et 22 juillet 1848, 5 juin 1849, 20 sept. 1850, 19 août 1853, 27 avril et 1er mai 1854, 15 mars 1860... etc...
(3) Dalloz, Tables des 22 années, n° 37 : « L'*instituteur* qui attente aux « mœurs des enfants (de plus de 13 ans) confiés à sa garde ne commet *ni* « *crime ni délit*, à moins qu'il ne fasse usage de violence. »—N° 85 : « L'ar-

Est-il vrai, enfin, que l'on peut se plonger dans la corruption la plus abjecte à l'abri des murs impénétrables de la vie privée ?

Après cela que l'on vienne prôner l'efficacité des indignités légales.


Ne nous y trompons pas : si de part et d'autre on attache une si grande importance à la solution du problème électoral, c'est que l'on sent très-bien qu'au-dessous de la question politique, s'agite aussi une question sociale grave entre toutes : la propriété.

Eh bien ! que veut-on faire pour la sauvegarder ? Eloigner de l'urne celui qui ne possède rien.

Et l'on s'imagine par là conjurer le danger !

Vous achetez, je le veux bien, la sécurité pour l'heure présente, mais sans prendre garde que vous amoncelez des haines implacables qui feront explosion demain ; vous sacrifiez l'avenir à votre tranquillité du moment, sans songer que vous hâtez ainsi la catastrophe socialiste. Si c'est *uniquement*, dira le prolétaire, parce que nous n'avons pas d'argent que nous sommes considérés comme des parias.... nous nous arrangerons pour en avoir. Logique détestable ! mais qui est celle d'une partie des masses au milieu desquelles nous vivons ; menace terrible, qui retentit déjà aux oreilles de quiconque traverse les carrefours de nos grandes villes.

On aura beau multiplier les indignités, élever l'âge, augmenter la durée de résidence requise, tout cela est bon, mais abso-

---

ticle 334 C. P. est inapplicable au fait par *un père* d'avoir, sans en
« faire trafic, excité sa fille mineure à la débauche et à la corrup-
« tion. »

On confond souvent l'*outrage* à la pudeur avec l'*attentat*, ce qui n'est point la même chose. C'est uniquement le caractère de *publicité* de l'outrage qui le rend justiciable de la loi pénale (art. 330), comme le précise très-nettement M. Dalloz, *Répert.*, n° 79 : « L'attentat sans violence n'en-
« traîne *aucune peine,* si ce n'est lorsqu'il est commis sur un enfant de
« moins de 13 ans (loi de 1863, 13 mai), ou lorsque, par sa publicité, il
« offense les mœurs. » V. aussi n° 87, *idem*.

lument insuffisant ; car, je le répète : l'électeur et l'éligible pourront remplir les exigences de la loi tout en restant absolument indignes au point de vue moral ; et, d'autre part, vous donnerez aux pauvres honnêtes (grâce à Dieu il en est encore) l'occasion de maudire une société qui, à sa dureté pour eux, joindra encore une humiliation mille fois plus sensible à un homme de cœur, que les angoisses de la faim et les frissons du dénuement : heureux si vous n'avez pas éveillé dans son cœur la convoitise et la haine !

Nous prêchons la patience à celui qui souffre ; nous conseillons la résignation à celui qui est dans l'indigence. Nous avons raison. Cependant soyons sincères : en pareille occurrence aurions-nous cette patience, cette résignation qu'il nous semble si naturel de trouver dans les autres ?

On se croit fort contre la douleur jusqu'à l'heure où elle vous presse de son étreinte : c'est ainsi que personne ne parle mieux de mitraille et d'obus que ceux qui se croient à l'abri de tout péril.

Essayez, avec le modique salaire de trois à quatre francs par jour, d'abriter, de nourrir, de chauffer et vêtir une femme et plusieurs enfants ; et vous comprendrez ce qui se passe dans le cœur de celui qui voit, dans une seule soirée ou un seul repas, dépenser en prodigalités folles ce qui suffirait à faire vivre sa pauvre famille pendant une année entière.

Ce point me paraît indiscutable : le vrai danger, celui précisément que l'on veut conjurer par les réformes projetées, c'est le progrès de l'idée socialiste. Or, nous croyons avoir démontré que, fonder la réforme électorale *uniquement* sur le cens, c'est courir à l'abîme que l'on voudrait éviter.


## II


Les réformes préconisées paraissant insuffisantes ou même dangereuses, n'y aurait-il pas un moyen de modifier le suffrage en l'établissant sur une base plus sûre et plus équitable ?

C'est ce que nous allons rechercher.

Il est un souci qui est partagé par ceux qui se préoccupent de la chose publique : prêtres, moralistes, philosophes, économistes, politiques, tous s'accordent pour déplorer l'état dans lequel se trouvent les mœurs publiques et la famille. Dans les centres populeux, la lèpre du foyer, c'est le concubinage ; le concubinage que notre loi actuelle est impuissante à combattre, et qui, par là même qu'il échappe à la censure de la loi, passe peu à peu dans les mœurs au point de s'afficher impudemment au grand jour ; le concubinage qui, joint à l'impunité de la séduction, donne en France *par an* 75,000 enfants naturels (1), dont 17,000 environ pour la capitale seule (2), et présente un total minimum de 1,500,000 *enfants non reconnus*, c'est-à-dire sans existence civile (3).

Ce triste état de choses est la conséquence inévitable, d'une part, de l'affaiblissement du sentiment religieux, en dehors duquel il n'y a que la brutalité des sens et l'entraînement aveugle de la passion ; et d'autre part, du vice de la loi au point de vue de la protection des mœurs.

En effet, la tolérance de la loi pour les délits de mœurs n'est-elle pas excessive dans un très-grand nombre de cas ?

N'avons-nous pas vu que la séduction, l'infidélité conjugale, les attentats aux mœurs, ne tombent qu'exceptionnellement sous le coup de la loi ?

Ajoutez à cela la prohibition *absolue* de rechercher la paternité qui donne pleine sécurité au dévergondage ; la tardiveté des unions qui pendant quinze à vingt ans met en péril les mœurs de l'homme ; le caractère exclusivement civil du mariage qui le fait descendre au niveau d'un contrat vulgaire ; une presse faisant métier de corrompre, un théâtre donnant l'encens à la courtisane et ses sympathies à l'adultère ; et vous comprendrez alors quels périls menacent la famille.

« Dans tous les pays et dans tous les temps, observe Montes-

(1) Note de la division de la statistique générale.
(2) M. Maurice Block.
(3) M. Em. Accolas, *Les enf. natur.*
Pour 1871 *seulement*, on compte 59,097 enfants naturels en France. (Statistiq. officielle.)

« quien (1), la religion s'est interposée dans les mariages : quant
« à ce qui regarde le caractère du mariage, sa forme, la ma-
« nière de le contracter, tout cela est du ressort de la religion. »
On a cru mieux faire, et au nom de la liberté religieuse, on a
complétement sécularisé le mariage. Alors le mariage décou-
ronné n'apparut plus que comme une formalité banale, la cons-
tatation d'un fait, un simple enregistrement. Le peuple ne s'y
trompa point : il comprit qu'un agent civil ne pouvait pas être
le *ministre* de cette dation ineffable d'un cœur qui se donne à
un cœur, d'une âme qui se voue à une âme, d'une liberté qui
s'enchaîne pour la vie.

De là à s'affranchir de cette formalité gênante qui en définitive entraîne pour conséquence l'irrévocabilité de l'union, il
n'y avait qu'un pas : et ce pas a été franchi. Aussi est-ce avec
raison que M. Moreau de Jonnès (2) indique le caractère
*exclusivement* civil du mariage comme étant une des causes du
concubinat.

Non contentes de proclamer le caractère religieux des
unions (3), les législations étrangères protégent les mœurs et
la famille bien plus sérieusement que nous ne faisons ; aussi
la natalité y est-elle quelquefois *quadruple* de celle de la France.

En Angleterre, par exemple, le père *peut* être condamné à
servir une pension alimentaire à la fille qu'il a séduite, ainsi
qu'à son enfant.

Dans le Wurtemberg, le séducteur qui refuse le mariage est
dans l'obligation de laisser à la mère une partie de sa fortune ;
dans le duché de Bade celui-là peut être déclaré le père de

(1) Liv. XXVI.

(2) *Eléments de statist.*, p. 258.

(3) « Le mariage est consommé par la bénédiction cléricale. » Cod. civ.
Prusse, art. 136.

« Celui qui veut se marier doit se présenter au prêtre de sa commune. »
Cod. Russe, art. 22.

V. aussi *Législ. cant. de Zurich* : Cod. Wurtemberg., art. 13... etc...

En Angleterre, la possibilité du mariage religieux et civil *simultané* em-
pêche que l'homme ne puisse, après avoir enchaîné l'épouse, se refuser à
la bénédiction nuptiale.

l'enfant, qui sera convaincu d'avoir cohabité avec la mère, ou qui l'aura entretenue (art. 340). Et tandis que la recherche de la paternité est permise en Angleterre, en Prusse, en Autriche, en Bavière, en Portugal, à la Louisiane, en Suisse (1), certaines législations vont plus loin et défendent la légitimation par le mariage subséquent, par exemple, en Russie, en Hanovre et dans une partie de l'Amérique. En Bavière, même les descendants de l'enfant né hors mariage ne peuvent être légitimés.

Que ces dispositions légales engendrent quelquefois des abus particuliers, je ne le nie pas. Toujours est-il que ces lois sévères obligent leurs justiciables, à défaut de vertu personnelle, à garder une réserve prudente, ne fût-ce que dans la crainte des conséquences de l'inconduite : et, peu à peu, cette sage retenue passe du domaine législatif dans la pratique quotidienne de la vie.

(1) Il est étonnant de voir avec quelle légèreté on tranche cette question de la recherche de la paternité. On proclame l'impossibilité de cette recherche. Cependant, dans une certaine mesure, cela est possible, puisque cela est : cela est chez presque tous les peuples civilisés. Osera-t-on dire qu'en dehors des tribunaux de France il n'y a que témérité et arbitraire ? ou bien que le fait de la paternité est plus ou moins saisissable selon les pays ? A celui qui prétendrait qu'il est imprudent et inique d'attribuer la paternité sur des présomptions, je demanderais s'il peut établir sa filiation légitime autrement que par des présomptions.

De deux choses, l'une, en effet :

Ou la paternité peut, dans certains cas, être légitimement induite des circonstances et même résulter de présomptions, à condition que celles-ci soient de nature à déterminer la conviction du juge (c'est là le principe de toutes nos décisions judiciaires);

Ou bien l'attribution de paternité doit être subordonnée à la preuve directe.

Au premier cas, la recherche de la paternité serait donc admissible dans de certaines limites.

Au second cas, on devrait renoncer à établir jamais une filiation quelconque, la preuve de la filiation légitime ne pouvant, pas plus que les autres, se fonder sur une preuve directe.

Y a-t-il donc autre chose qu'une présomption dans l'art. 312 du C. c.?

Quant à l'objection qui allègue le scandale, si elle était fondée, il faudrait aussi supprimer toute recherche tendant à la répression des délits contre les mœurs.

Ce n'est donc pas dans notre législation actuelle que nous trouverons un moyen de régénérer la famille.

D'un autre côté, la religion, qui pourrait tout dans ce but, gémit douloureusement de voir ses efforts impuissants ; elle parle, et sa voix est étouffée par les sarcasmes de la libre pensée et les ironies du siècle.

Et cependant il importe au plus haut point que l'on remette en honneur la famille ; qu'on l'entoure des respects auxquels elle a droit et des priviléges qu'elle mérite, qu'on la préserve aussi des périls qu'elle court (1).

Cela importe autant à l'avenir de la France qu'à la morale publique, autant à l'Etat qu'à la religion.

Ne pourrait-on pas arriver à ce résultat par une loi électorale qui se fonderait *spécialement* sur la famille ? Est-il rien de plus sacré, de plus respectable, de plus universel, de plus praticable enfin, au moyen des registres de l'état civil ?

J'entends bien (et je l'ai dit) que la propriété, par là même que nous la croyons légitime, doit être représentée; aussi insistons-nous pour qu'elle entre en ligne de compte dans l'importance du vote. Mais ce que nous prétendons, c'est qu'il est injuste de dire que celui qui donne à la patrie sept, huit, dix enfants, n'a pas lieu de se soucier de la chose publique s'il ne possède rien.

Comment donc, il ne vous donne rien celui qui vous offre ces vaillants défenseurs, que pendant vingt ans il a entourés jour et nuit de sa vigilance et de son amour ! mais c'est son sang, c'est sa vie qu'il vous donne ! et vous lui préférez l'égoïste qui a trouvé bon de se dispenser des soucis et des charges de la paternité ; l'égoïste dont vous devenez le complice, et qui, rehaussé par l'injuste faveur dont il serait l'objet, écraserait de son mépris le père qui n'aurait que des enfants pour toute richesse !

(1) D'après les rapports statistiques de 1826 à 1830, on compte par an 727 prévenus pour délits contre les mœurs, et de 1851 à 1860, 4,108, *nombre presque sextuplé.* V. Ortolan, *Elém. de Dr. pénal,* I, 288.

Cela est absolument immoral ; cela est anti-social.

Cela est immoral : en effet, vous faites un grief de ce qui devrait être une cause d'honneur et d'immunités, comme l'estimaient sagement nos pères, ainsi que nous le dirons tout à l'heure.

De plus, cela est anti-social. Je m'explique :

Un fait acquis, c'est que depuis quelque temps la natalité diminue dans des proportions inquiétantes ; inquiétantes surtout après l'expérience douloureuse que nous venons de faire de l'importance du nombre dans la composition des armées, la valeur individuelle venant se briser contre les masses.

« C'est en face des populations exubérantes de l'Allemagne, « de l'Amérique, de l'Angleterre et de la Russie que la France « semble épuisée dans sa séve, et prête à s'affaisser sur elle- « même : le mal est arrivé à ce point que la patrie est en dan- « ger, et qu'il faut le vaincre à tout prix (1). ».

A ceux qui trouveraient ce langage exagéré, je dirai : Lisez le tableau suivant, et observez à quel rang se trouve notre cher pays ; lisez, et rêvez aux revanches que caresse notre généreux patriotisme.

Il y a trente ans déjà, M. Moreau de Jonnès, chef des travaux de la statistique générale de la France, dressait le tableau suivant :

*Période de doublement de la population.*

| | | | | |
|---|---|---|---|---|
| Belgique. . . | 44 ans | | Prusse. . . . | 70 ans |
| Hollande. . . | 42 — | | Angleterre . | 78 — |
| Norwége. . . | 50 — | | Danemark. . | 83 — |
| Autriche. . . | 52 — | | Russie. . . . | 95 — |
| Espagne. . . | 57 — | | Suisse. . . . | 97 — |
| Suède. . . . | 59 — | | Portugal . . | 97 — |
| Italie. . . . . | 66 — | | France . . . | 118 — |

Puis le même auteur constatait que, pendant l'espace de

(1) M. E. de Girardin.

quarante-un ans, les mariages avaient diminué de deux cinquièmes.

Si maintenant nous consultons une statistique récente (1), nous trouvons le triste résultat suivant : la *Prusse*, sans compter ses diverses annexions, aura doublé sa population dans CINQUANTE-QUATRE ANS, et la *France* dans CENT QUATRE-VINGT-DIX-HUIT ANS.

Je donne le tableau en son entier.

On observera que sur vingt pays la France occupe l'avant-dernier rang et la Prusse le quatrième : notre accroissement n'est, en effet, que de 0,35 ; celui de la Prusse 1,30.

*Période de doublement.*

| | | | |
|---|---|---|---|
| Saxe. | 44 ans | Wurtemberg. | 114 ans |
| Grèce. | 45 — | Suisse. | 114 — |
| Angleterre. | 49 — | Portugal. | 120 — |
| *Prusse.* | 54 — | Italie. | 136 — |
| Russie. | 56 — | Hanovre. | 148 — |
| Norwége. | 58 — | Belgique. | 158 — |
| Suède. | 63 — | Espagne. | 169 — |
| Danemark. | 63 — | Bavière. | 193 — |
| Écosse. | 76 — | *France.* | 198 — |
| Hollande. | 92 — | Autriche. | 267 — |

Les conclusions de l'auteur sont les suivantes : « La population « française, depuis une cinquantaine d'années, est sur la « pente d'un mouvement de décroissance numérique considérable. »

Ainsi le développement de notre population est à peu près *quatre fois plus lent* qu'en Angleterre, en Prusse, en Russie, et l'on n'éprouverait pas l'impérieux besoin de favoriser le mariage et la famille !

_______________

(1) V. l'intéressante étude faite par M. Guérin à l'occasion de la discussion ouverte à l'Académie de médecine en 1867, sur le mouvement de la population en France.

Veut-on qu'un jour nous devenions une nouvelle Pologne ?

D'après l'auteur précité, la fécondité du mariage a diminué de près de neuf pour cent (8,93) dans la période comprise entre 1835 et 1860. D'ailleurs, depuis le commencement du siècle, la fécondité des unions n'a pas cessé de décroître : on comptait par mariage cinq enfants ; aujourd'hui on n'en compte pour ainsi dire que trois seulement (1)... Et si l'on n'y prend garde, « à l'instar de l'Empire romain qui a fini faute « de Romains, la France ne sera plus la France (2). »

## III

Une fois le fait constaté, l'esprit instinctivement recherche la cause : d'où vient ce ralentissement dans la natalité ?

Que la cause soit volontaire ou imprévue ; qu'elle résulte d'un calcul égoïste (3) ou de la décrépitude prématurée des individus (4), dans tous les cas la décadence est manifeste.

« Philosophes ! politiques ! s'écrie le docteur X. Bourgeois, « *vous cherchez souvent bien loin les causes des bouleversements* « *sociaux et de la chute des nations.* FAITES TOUJOURS UNE GRANDE

(1) Moyenne de 1847 à 1860. V. *Annuaire du Bureau des Longitudes.*

(2) M. Raudot, *Recensement de la population.* 1866.

Il n'est peut-être pas inutile de rappeler que la Prusse qui, en 1817, n'avait pas dix millions et demi d'habitants, s'est accrue en quarante-sept ans de huit millions et demi, par le seul excédant des naissances sur les décès.

En 1790, la France était l'Etat le plus peuplé de la chrétienté ; aussi a-t-elle pu résister à l'Europe coalisée.

(3) On compte à peu près trois enfants par famille dans les faubourgs de Paris ; on n'en trouve qu'un dans les quartiers de l'Opéra et de l'Elysée. (Rev. *Cours litt.*, 10 avril 1869.)

(4) Consulter les témoignages constants de la science médicale, qui prouvent l'influence désastreuse de l'immoralité au point de vue intellectuel et physique : Celse, Arétée, Hoffmann, Boerhaawe, Tissot, Lallemand, Georget, Parent-Duchâtelet, Espanet, L. Simon, Roubaud, F. Ferrussel, Deslandes, Despine, Cyon, Letourneau, Alibert, etc.

« PART AU LIBERTINAGE, *car il est le dissolvant le plus actif des*
« *sociétés*. Examinez les mœurs aux époques mémorables des
« révolutions. Vous trouverez toujours les individus énervés,
« fondus dans la mollesse, abrutis dans la débauche. N'ayant
« plus de séve vitale, ils ne peuvent résister à de vigoureux
« ennemis : il faut qu'ils succombent (1). »

Rien de plus vrai.

Oui, il y a là un mal bien profond que la religion et la morale, laissées à leurs seules forces, sont impuissantes à guérir,
si la loi ne vient à leur secours d'une façon plus efficace.

Les conséquences sociales de l'immoralité sont vraiment
désastreuses ; il semble qu'elle comprend tous les maux, jusqu'aux châtiments particuliers dont Dieu frappe ici-bas les
coupables, comme pour manifester d'une façon plus frap-
pante la grandeur du crime, et la rigueur des justices qu'il
prépare.

Est-ce que l'impiété n'a pas toujours pour principe le déré-
glement de la vie? Aussitôt engagé dans la voie du vice, on
s'ingénie à douter d'une religion dont les austères préceptes
vous accusent et vous condamnent. De la défaillance des
mœurs à la négation religieuse, il n'y a qu'un pas : on travaille
à devenir sceptique pour rester tranquillement libertin. Telle
est la genèse toute naturelle de l'incroyance.

N'est-ce pas l'immoralité qui est la cause originaire de tant
de suicides (2)? n'est-ce pas elle qui peuple en grande partie
nos hôpitaux, nos maisons d'aliénés et de refuge? n'est-ce pas
elle qui émousse le sentiment, corrompt le cœur, abrutit l'intelligence, énerve les individus? qui transmet de génération
en génération un sang empoisonné et un rachitisme con-
génial ?

Plus cruelle que l'implacable vainqueur, elle décime nos

(1) *Des passions*, p. 24, 1861.

(2) *Du suicide*, statist., histoire, médecine et législation, par E. Lisle;
ouvrage couronné par l'Académie de médecine. V. aussi Falret, R. P. De-
breyne, Boudin, Brière de Boismont.

villes, et la nation souffre plus de ses excès que du fer de l'ennemi.

« … Sævior armis,

« Luxuria incubuit. »

Enfin l'immoralité peuple les bancs de nos assises : ceci n'est pas discutable. Il est rare qu'un criminel ait passé sa vie dans les liens respectables du mariage ; en effet, d'après les calculs de Parent-Duchâtelet, on prouve que, sur cent femmes accusées de crime, vingt-cinq ont eu des enfants naturels ; que, sur cent individus enfermés à Sainte-Pélagie pour délits correctionnels, *quatre-vingts vivaient en concubinage;* et que sur cent individus emprisonnés pour abus de confiance, vol ou escroquerie, *soixante-quinze* avaient des femmes entretenues qui leur occasionnaient des dépenses excessives (1).

Ces chiffres ont leur éloquence.

Après cela, si l'on passe outre, si l'on ne sent pas l'étendue du mal et le besoin d'y porter remède, c'est que l'on sera bien aveugle ou bien indifférent.

IV

Nous venons dans les pages qui précèdent d'établir, il nous semble, ces deux faits : d'abord, que la décadence s'accentuait par un ralentissement dans la natalité ; et ensuite, que la cause de cette décadence doit être attribuée à la démoralisation publique.

Ce qu'il faut se demander maintenant, c'est de quelle manière il serait possible de faire coopérer la loi à la *régénération par la famille.* Je dis par la famille, parce qu'en effet c'est bien par là qu'il convient de commencer (2).

(1) On sait aussi que presque tous les chefs de la Commune traduits en conseil de guerre vivaient en concubinage.

(2) « Quiconque connaît le déplorable état de nos mœurs doit être frappé « de l'*urgence* qu'il y a à mettre en honneur la famille, ce palladium contre « le débordement des mœurs. » D' X. Bourgeois, *loc. cit.,* p. 24.

« Il faut réformer la société, » répètent nombre de personnes qui sont bien résolues, quant à elles, à ne rien changer à la délicatesse de leur vie, ni à l'irrégularité de leurs mœurs. Leur prétendue sollicitude vise encore un but égoïste : réformer les autres s'il est possible, uniquement pour s'assurer une sécurité plus complète ; exiger d'autrui des sacrifices, mais n'avoir souci quant à soi que d'une seule chose : arrondir les contours de la vie, et faire en sorte d'arriver sans secousse à l'heure suprême.

Eh quoi ! la société est-elle donc une entité extérieure à nous tous ? peut-elle s'améliorer si nous ne nous réformons pas nous-mêmes ? Si la famille se désagrége dans la démoralisation, pensez-vous constituer une société forte et vertueuse ? La société, est-ce en définitive autre chose que la collection, la somme des familles unies entre elles par le lien des personnes et des intérêts ? Aussi, travailler en faveur de la famille, est-ce travailler de la façon la plus certaine en faveur de la société même.

On atteindra ce but désirable en honorant l'état du mariage et la paternité ; en reconnaissant à celui qui a le nom d'époux et de père le droit de s'intéresser aux affaires publiques ; en lui apprenant que vous estimez une famille à l'égal au moins de quelques pièces de monnaie (1). Que la propriété ait sa voix, rien de plus juste ; mais, répétons-le, qu'elle n'y figure pas *à l'exclusion* de tout le reste.

En effet, avant d'être intéressés comme propriétaires, nous sommes intéressés comme citoyens, ne fût-ce qu'au point de vue du service militaire. Indépendamment donc de toute propriété, nous avons le droit de figurer *comme individus*, et c'est à ce point de vue que l'universalité du suffrage doit être maintenue, et peut être revendiquée.

Dans quelle proportion les personnes d'une part, et d'autre part les fortunes seront-elles représentées ? Cette appréciation

(1) « Accipies virginem cum timore Domini, amore filiorum magis quam libidine ductus. » Tob., IV, 22. — N'est-ce pas là, en effet, la fin du mariage ?

est l'œuvre du législateur ; mais ce que nous voudrions principalement, c'est qu'on ne fît pas dans la hiérarchie politique une condition *moins favorable* au père d'une nombreuse famille qu'au célibataire égoïste, qui n'a peut-être constitué son pécule qu'en s'affranchissant des charges onéreuses de la famille.

*Aussi voudrions-nous qu'outre sa voix comme individu pris isolément (ou bien outre ses voix si l'on tient compte de l'intelligence et de la propriété, ce qui est possible dans une certaine mesure), l'homme qui est ou a été marié, n'eût-il ni fortune, ni enfants, eût une nouvelle voix, car il représente* UN FOYER : *c'est là déjà une garantie sérieuse ;*

*Nous voudrions encore, s'il était possible, que le père de famille eût plus de voix que l'époux qui n'a pas d'enfants ; qu'au delà d'un certain nombre d'enfants il eût droit à certaines immunités ou priviléges, ainsi que cela avait lieu à Rome, par exemple, pour celui qui avait donné trois fils à la patrie* (1) : *ce serait moins un privilége qu'une justice ;*

*Que la* PROPRIÉTÉ *fût aussi représentée ; car, s'il est juste de ne pas lui accorder tous les droits, il est néanmoins on ne peut plus équitable d'en tenir sérieusement compte ;*

*Qu'enfin on ne pût être* ÉLIGIBLE *qu'autant que l'on pourrait représenter le foyer de la famille, sinon comme père au moins comme homme marié : de telle sorte que, malgré la fortune ou l'intelligence, celui qui vivrait en concubinage, par exemple,* COMME ÉLECTEUR, *d'une part, aurait une voix de moins que le père de famille, à moins que par là il ne se trouve engagé à réhabiliter devant la morale et la loi son union de fait (ce qui arriverait fréquemment, nous n'en doutons pas) ;* ET, COMME ÉLIGIBLE, *d'autre part, devrait, ou renoncer à la candidature, ou régulariser sa position.*

Ce critérium moral si facile amènerait un immense résultat :

(1) Lois I, § 3, et II, § 1, *De vacatione et excusatione munerum.*
Dans la même pensée, un édit de Louis XIV (nov. 1666) accordait à celui qui avait dix enfants « *nés en légal mariage,* » exemption de toute taille, tullion, sel, etc... — V. *Recueil gén. des anciennes lois franç.,* t. XVIII, p. 90.

la diminution de l'importance politique de ces hommes sans mœurs, qui sont toujours des hommes de désordre.

Voilà ce que les autres projets de réforme sont impuissants à réaliser.

Qui pourrait désapprouver un pareil système?

Comme citoyen, j'ai le droit qui résulte de mon individualité même. Puisque l'on prétend exiger de moi certains services publics, certaines prestations personnelles, il n'est pas juste que je sois « à la peine » sans être aussi « à l'honneur. »

De ce chef l'universalité du suffrage est légitime.

Mais si, outre mes prestations personnelles, je procure d'autres avantages au pays, par mon intelligence, mes biens, alors, mon droit à intervenir dans la chose publique augmente; partant, mon rôle politique doit augmenter proportionnellement : même conclusion si je procure à ma patrie le moyen de conserver et d'augmenter ces richesses, en lui offrant des soldats dévoués ou des travailleurs intelligents.

Est-il besoin de redire qu'il faudrait maintenir les indignités légales, les multiplier même de façon à éliminer ceux qui, par la nature même des condamnations encourues, dénotent des dispositions dangereuses ; élever l'âge jusqu'à la grande majorité ; exiger une certaine résidence ; enfin, prendre toutes ces précautions accessoires sur lesquelles tout le monde est à peu près d'accord, mais qui, excellentes dans une certaine mesure, sont absolument *insuffisantes* pour amener une épuration complète.

Peut-être un semblable système paraîtra-t-il singulier tout d'abord ; mais que l'on veuille bien nous suivre encore quelques instants, et nous avons le ferme espoir qu'à cette première impression en succédera une autre plus favorable.

Remontons un peu dans l'histoire, et essayons de démontrer qu'à toutes les époques, les législateurs ont compris combien il importait d'honorer et de favoriser l'état du mariage et la paternité.

Chez les Hébreux, le nouveau marié était exempt de toutes charges pendant la première année de son mariage. Chez les Grecs les célibataires étaient notés d'infamie.

Lisez Plutarque, Suétone, Appien, Eusèbe, Dion, Ulpien, Tite-Live, Valère-Maxime, Tacite, Aulu-Gelle, et beaucoup d'autres, et vous verrez ce que l'antiquité a fait pour la famille.

César donna des récompenses à ceux qui avaient de nombreux enfants (1), puis édicta certaines punitions contre tout célibataire âgé de moins de quarante-cinq ans (2) ;

Auguste établit un impôt sur ceux qui ne se marieraient pas après l'âge de vingt-cinq ans, ou qui n'auraient pas d'enfants ; et il accorda de grands priviléges à ceux qui en avaient le plus (3) ;

Aulu-Gelle et Suétone nous apprennent que l'on conférait au mariage et au nombre d'enfants les prérogatives données à l'âge (4) ; quelques-unes même au mariage seul, indépendamment de la fécondité de l'union (5). Deux candidats se présentaient-ils pour remplir une fonction, on choisissait celui qui avait le plus grand nombre d'enfants : *Ut numerus liberorum in candidatis præpollet, quod lex jubebat* (6).

Les femmes ingénues qui avaient trois enfants, et les affranchies qui en avaient quatre, sortaient de cette perpétuelle tutelle où les retenaient les anciennes lois de Rome (7) ;

Le consul qui avait le plus d'enfants prenait le premier les faisceaux, (8) ; il avait le choix des provinces (9) ;

(1) Dion, XLIII.
    Suétone, *Vie de César*.
    Appien, liv. II : *De la guerre civile*.
(2) Eusèbe, *Chronique*.
(3) Dion, liv. LIV.
    Flórus sur Tite-Live, XII⁰ déc.
    Lois Juliennes. — Tite-Live, *Annales*, III.
    Loi Julia et Papia Poppæa. — Dion, livr. LVI.
(4) Aulu-Gelle, II, XV.
(5) Suétone, *In Augusto*, XLIV.
(6) Tacite, lib. II.
(7) Ulpien, *Fragments*, tit. XXIX, § 3.
    Plutarque, *Vie de Numa*.
(8) Aulu-Gelle, II, ch. XV.
(9) Tacite, *Annales*, L. XV.

De même, le sénateur qui comptait le plus grand nombre d'enfants votait le premier au sénat ; et chaque enfant procurait à son père le bénéfice de la dispense d'une année, lorsque celui-ci se présentait aux charges de la magistrature (1).

Les époux avaient-ils des enfants communs, ils pouvaient se faire donation de la totalité de leurs biens (2) ; avaient-ils des enfants d'un autre lit, ils pouvaient donner autant de dixièmes qu'ils avaient d'enfants ; et, alors même qu'il n'y avait aucun enfant, le fait seul du mariage donnait droit à un dixième de la succession. Et comme le mariage doit être contracté plutôt encore en vue des enfants à venir qu'en vue de la société des époux, un homme de soixante ans ne pouvait épouser une femme qui en avait cinquante (3). C'est aussi en vue de multiplier les unions qu'Auguste permit aux ingénus non sénateurs d'épouser des affranchies (4).

Est-ce seulement à Rome que se manifestait le souci de favoriser le mariage et la famille ? Non certes : Constantin conserva les lois qui permettaient aux époux d'augmenter leur donation réciproque en proportion du nombre de leurs enfants ; Louis XIV, par son édit précité de 1666, accorda une pension au père d'une famille nombreuse, et l'on sait que Napoléon I<sup>er</sup> imita sagement cet exemple.

D'ailleurs, ne trouve-t-on pas déjà dans notre Code, qui a fait tant d'emprunts à la loi de Rome, diverses dispositions qui ont pour but de faciliter le mariage ou de protéger les enfants (C. c. art. 152, 153, 185, 903, 1048, 1082, 1083, 1095...) ?

Serait-il donc étonnant qu'en présence de l'extrême dimi-

(1) Loi II, *De minoribus.*

(2) Ulpien, tit. XV et XVI.

(3) Ulpien, tit. XV et la loi XXVII au Code *De nuptiis.*
Le sénatus-consulte Calvisien ajouta aussi à la rigueur de la loi Papienne : Suét. *in Claudio,* XXIII.

(4) Dion, liv. LVI.
V. aussi Tite-Live, XLV ; Aulu-Gelle, I.
Valère-Maxime, L. II, chap. IX.

nution des naissances, on cherchât à étendre et à généraliser cette protection (1)?

Plusieurs fois déjà, de notre temps, on a cherché le moyen de faire tomber *le célibat* sous le coup de la loi, cet état, comme le dit M. J. Dupin, « de l'homme égoïste qui décline les obliga-« tions et les devoirs que le mariage impose (2). »

L'occasion se présente favorable entre toutes.

« A Dieu ne plaise, dirons-nous avec l'auteur de l'*Esprit* « *des Lois*, que je parle ici contre le célibat qu'a adopté la re-« ligion ! Mais qui pourrait se taire contre celui qu'a formé le « libertinage ; celui où les deux sexes se corrompent par les « sentiments naturels mêmes, fuient une union qui doit les « rendre meilleurs, *pour vivre dans celle* qui les rend toujours « pires? C'est une règle tirée de la nature que, plus on diminue « le nombre des mariages qui pourraient se faire, plus on « corrompt ceux qui sont faits : moins il y a de gens mariés, « moins il y a de fidélité dans les mariages ; comme lorsqu'il y « a plus de voleurs il y a plus de vols (3). »

Quoi de plus juste qu'une disposition qui tendrait à donner au *célibataire* une importance politique *moindre* que celle accordée à l'époux et au père de famille ? La législation romaine qui n'accordait au veuf sans enfants (*orbo*) que la moitié de la succession, ne déniait-elle pas au célibataire le droit de recevoir quoi que ce fût par testament (4)?

(1) La loi du 25 juillet-17 août 1872, sur l'armée, favorise dans une certaine mesure le mariage et la paternité. Art. 44 : « Les hommes en dis-« ponibilité qui sont pères de *quatre enfants* vivants passent de droit dans « l'armée territoriale. — Les hommes en disponibilité de l'armée active et « les hommes de la réserve peuvent se marier. »

(2) On ne saurait trop insister sur cette remarque, que ce ne sont pas les charges du mariage qui conduisent au découragement et au suicide. En effet, dans la statistique des suicides de 1867, par exemple, on compte 79 hommes mariés contre 118 *célibataires* ; tentatives de suicide, 19 hommes mariés et 107 *célibataires*.

(3) Montesquieu, *Espr. des Lois*, XXIII.

(4) Fragments d'Ulpien.
    Sozomène, lib. I, ch. IX.
    Cod. Théodos. *De infirm. pœnis cœlib. et orbitat.*

Il est d'heureuses exceptions, je ne le nie pas, mais, en réalité, le plus souvent, le célibataire, c'est tout au moins un homme qui a donné une preuve manifeste d'un dangereux esprit d'indépendance........ pour ne rien dire de plus.

« Pendant que les maladies et les guerres nous enlèvent « tant de citoyens, disait Auguste aux chevaliers romains, que « deviendra la ville si on ne contracte plus de mariages ? La « cité ne consiste pas dans les maisons, les portiques, les places « publiques : ce sont les hommes qui font la cité. *Ce n'est point* « *pour vivre seul que vous restez dans le célibat :* citerez-vous « ici l'exemple des vierges vestales ? Alors, si vous ne gardiez « point les lois de la pudicité, il faudrait aussi vous punir « comme elles (1). »

Hélas ! c'est bien sur les lèvres d'un épicurien que doit se trouver cette parole :

> ............ meliùs nil cælibe vitâ.

Oui, il n'y a *qu'un célibat* que l'État doive protéger : celui du dévouement et de l'abnégation ; celui qui, dans son ardente charité, trouve que ce n'est pas assez de se dévouer à une seule famille, mais brûle de se sacrifier pour toutes (2).

Il est une objection que l'on fera certainement et à laquelle

---

Souvent on entend dire que toutes les lois de Rome contre le célibat ne l'ont pas préservée de la chute finale : on en conclut à l'inefficacité des lois en pareille matière. Cette critique n'est pas judicieuse. Appellera-t-on inutile la médication qui ne pourra que prolonger la vie du malade et adoucir son mal ? Supprimera-t-on la loi pénale parce qu'en dépit de ses rigueurs il se commet encore des crimes ?

(1) Dans Dion, liv. LVI.
On sait que cette punition consistait à être enterrées toutes vives.
Plutarque, *Num.*
Cicér., *Nat. Deor.*, III, 30.
Properce, *Eleg.*, 4, 11.
(2) « Voilà le chef-d'œuvre du christianisme : l'individu et les petites « affections disparaissent devant les besoins spirituels et corporels de tous « les hommes... de là la grande conséquence du célibat des prêtres. »
Michelet, *Lettre sur l'hist. de la réforme en Angleterre*, p. 3.

il importe de répondre. A, en juger par le chiffre que nous donnions précédemment de 1,500,000 enfants naturels non reconnus, on est fondé à croire que le nombre de ceux qui contractent des unions en dehors du mariage légal, et, par suite, nécessairement en dehors du mariage religieux, est très-considérable : quelle sera donc la situation de l'homme qui se présentera avec ces deux qualités opposées : de célibataire au regard de la *loi*, et de père de famille au point de vue du *fait?*

La réponse est facile.

Nous sommes placés en cette matière sur le terrain de la légalité : or, par là même que le concubinage ne produit aucun effet de droit (à la différence de ce qui a lieu de l'autre côté du Rhin) (1), la loi ne peut pas considérer le même état comme existant au point de vue politique, et n'existant pas au point de vue civil. Est-ce que la loi doit voir dans celui qui vit en concubinage autre chose qu'un simple célibataire? doit-elle lui faire une situation plus favorable, lui conférer des droits supérieurs, parce qu'il s'est mis en révolte contre sa volonté formelle?

Ce serait tout simplement introduire dans notre législation un mariage morganatique d'un nouveau genre.

Et, après tout, le concubin, en s'abritant derrière ces deux immunités de notre législation : la prohibition de la recherche de la paternité et l'impunité de la séduction, diffère-t-il du célibataire? n'est-il pas libre d'abandonner demain sa malheureuse victime, et de repousser ces petits êtres, qui viendront se jeter dans ses bras, en leur disant : Je ne vous connais pas?

« A chacun la responsabilité de ses actes, dit sur cette « grave matière une voix autorisée (2) : voilà une maxime de- « vant laquelle un bon législateur ne doit jamais reculer. Ab-

---

1) Il existe en Allemagne un mariage morganatique ou de la main gauche. Mais, en France, le concubinage, eût-il duré trente ans, ne peut même pas engendrer une communauté de biens ni une société. Arrêt de la Cour de Paris, 13 juin 1872 (*Bulletin* n° 176).

(2) M⁰ Marie, ancien bâtonnier de l'ordre des avocats.

« soudre un coupable sous prétexte qu'il y aurait quelques
« inconvénients ou même quelques dangers à rechercher son
« délit ou son crime, c'est de la làcheté, ce n'est pas de la jus-
« tice ; et si un intérêt quelconque doit en souffrir, c'est un
« crime social. Or ce principe *absolu*, la recherche de la pater-
« nité est interdite, me paraît devoir être classé dans cette
« catégorie. »

Est-il vrai que cette prohibition générale favorise l'inconduite de l'homme et pousse la femme au crime? Cela semble
indubitable (1) : raison de plus pour s'efforcer d'en atténuer les
conséquences. Or, l'homme vivant en concubinage, assimilé
au célibataire, et frappé d'inéligibilité comme ne pouvant pas
représenter le foyer de la famille, telle est la moralité particulière de la réforme proposée.

Je souligne plusieurs fois cette pensée, suppliant qu'on
veuille bien y réfléchir : voici un homme ambitieux, turbulent,
fauteur de révolutions : il ne croit à rien, se rit de la loi, mène
une vie honteuse. Il convient de l'éliminer, n'est-il pas vrai,
ou au moins d'amoindrir son importance autant que possible?
C'est même un devoir. Eh bien ! malgré cela, avec tous les
systèmes présentés, il peut avoir l'influence politique dans sa
plénitude.

Et comment en serait-il autrement !

Vous exigez que pour être électeur on ait de l'argent :
vous en montre. Des conditions de résidence : depuis long-

(1) « Par une étrange anomalie, l'homme est irresponsable, *lui* déclaré
« majeur : elle est responsable, *elle* déclarée mineure. Si la fille qu'il a
« abandonnée, poussée par la honte ou par la misère, se défait de l'enfant
« qu'il a créé, il figurera dans le procès comme témoin à charge et sortira
« de là sain et sauf, pour aller joindre sa voix, en quelqu'autre occasion
« moins scabreuse, au verdict de l'opinion contre ces malheureuses si dignes
« de mépris. » Léo.

« La recherche de la paternité admise dans *certaines limites* serait un
« frein moral qui empêcherait un grand nombre d'infanticides et qui pré-
« viendrait peut-être bien des suicides. » Doct. Brochard, *De l'allaitement
maternel*.

temps il trouble la même ville ; des titres de capacité : il **vous** exhibe ses diplômes.

Qu'avez-vous à dire ?

Et cependant c'est un misérable.

Comprend-on maintenant quelle influence moralisatrice exercerait une loi électorale modifiée dans le sens que nous venons de dire ; et surtout combien elle diminuerait, jusqu'à presque l'anéantir, le rôle politique de certains personnages que l'opinion a intronisés sans trop savoir pourquoi, alors que leur conduite privée (mais non pas cachée) devrait être chez un peuple qui se respecte une cause d'exclusion et d'indignité.

*Et si je ne cite personne, c'est que j'ai la certitude que bien des noms se pressent dans la mémoire de chacun.*

Est-il un autre moyen d'exclure ces hommes odieux qui s'ingénient à introduire dans les affaires publiques le désordre qui trouble leur propre existence ? J'avoue que je ne le connais pas.

En résumé que demandons-nous ?

Nous demandons :

*Que le droit électoral ne soit reconnu qu'aux majeurs de vingt-cinq ans ; qu'il soit obligatoire, puisqu'on désespère de l'obtenir d'une façon spontanée ;*

*Que l'on prolonge la durée de résidence ;*

*Que l'on étende et que l'on multiplie les incapacités contenues dans les art. 15 et 16 du décret organique du 2 février 1852.*

Nous demandons encore :

QU'EN PRINCIPE L'UNIVERSALITÉ DU SUFFRAGE SOIT MAINTENUE, *comme représentant les individus : car c'est justice ;*

*Que, de plus, l'intelligence ait sa voix, l'intelligence constatée soit par des épreuves subies, des diplômes, des grades obtenus, soit par des fonctions d'un certain ordre, et d'une certaine importance ;*

*Que l'homme marié ait sa voix comme représentant les intérêts du foyer (Si nous ne craignions de paraître trop demander, nous voudrions que le père d'une nombreuse famille eût plus de voix que l'époux sans enfants : mais la qualité d'homme marié ou de veuf avec enfant offre déjà de sérieuses garanties d'ordre et de stabilité);*

*Que la propriété soit aussi représentée; car autant le régime censitaire nous paraît injuste et dangereux quand il est* EXCLUSIF*, autant il nous paraît légitime et désirable si on le réduit à de justes proportions;*

*Qu'enfin ne puisse être* ÉLIGIBLE *que celui qui représenterait autant que possible les divers intérêts de ses mandants; c'est-à-dire celui-là seulement qui, en tant* QU'ÉLECTEUR*, aurait un certain nombre de voix,* parmi lesquelles devrait toujours *se trouver celle de la famille et du foyer.*

Cette dernière mesure, si on veut bien y réfléchir, poserait une sanction morale d'une importance capitale, surtout en ce qui concerne *la représentation de la famille,* envisagée dans l'électeur d'abord, et ensuite dans l'éligible.

C'est là toute la pensée de cette étude.

Au point de vue *pratique,* une semblable réforme ne présente pas de difficultés : le cadastre et les actes de mariage d'une part ; d'autre part, la production des titres, brevets ou diplômes aux mairies respectives, lors de la confection des listes, fourniraient tous les renseignements nécessaires. Un simple numéro frappé sur le bulletin de vote suffirait à faire connaître le nombre des voix de l'électeur, sans compliquer autrement le travail de dépouillement par le bureau.

Dans le rapide exposé qui précède, nous croyons avoir démontré :

1° Que tous les bons esprits désirent avec raison une réforme électorale, de telle sorte que tous les grands intérêts sociaux ne soient pas sacrifiés à une égalité chimérique ;

2° Que les remèdes proposés ne sont que des mesures souvent injustes et toujours insuffisantes;

3° Que le relâchement des mœurs publiques est des plus

lamentables ; que l'énorme diminution de la natalité d'un côté, l'augmentation des naissances illégitimes et des attentats aux mœurs d'un autre côté (1), ne sont pas les moindres conséquences de cet état de choses ; que l'oubli de la loi morale entraîne la ruine matérielle d'une nation ; qu'il importe que le législateur intervienne d'une façon effective et énergique : qu'il y a urgence ;

4° Que pour réformer la société il faut commencer par la famille qui en est l'élément constitutif; que le moyen le plus efficace d'atteindre ce résultat désiré, c'est d'honorer le mariage et la paternité ; que l'histoire nous montre à chaque pas l'intervention de la loi pour protéger l'époux et le père de famille : que c'est là une stricte justice à rendre à celui qui donne au pays un foyer et des défenseurs ;

5° Que l'universalité du suffrage est légitime au point de vue de la représentation individuelle ; mais qu'il n'est pas moins légitime d'augmenter l'importance du vote de l'individu s'il fait preuve d'une certaine distinction intellectuelle, puis, s'il représente un foyer, enfin, s'il contribue dans une certaine mesure aux charges de l'État ; que la représentation de ces divers intérêts devrait être la condition même de l'éligibilité ; qu'il serait *juste* qu'au delà d'un certain nombre d'enfants le père eût droit à des immunités.

6° Qu'on ne pourrait conférer à celui qui vit en concubinage des droits autres que ceux reconnus aux célibataires, cette situation de fait n'existant pas au regard de la loi ; que c'est là le seul moyen de frapper d'inéligibilité et priver d'une importance politique exagérée un grand nombre d'individus dangereux, qui, avec les systèmes en faveur, jouiraient cependant, en dépit du désordre de leur vie, du droit électoral dans toute son étendue.

De tout cela résulte jusqu'à l'évidence, ce semble, la nécessité impérieuse de profiter de la réforme électorale projetée

---

(1) Il y a des crimes, dit M. Ortolan, dont le nombre a été *constamment en augmentant* d'une manière affligeante : les infanticides et les attentats aux mœurs. *Dr. pén.*, I, 287.

pour honorer la famille comme elle doit l'être en effet.

La réorganisation matérielle de notre cher pays n'est rien en comparaison de l'œuvre de régénération morale que l'on néglige trop.

Et cependant, là seulement est le salut.

Combattons donc l'immoralité sous toutes ses formes avec énergie, avec persévérance ; ce sera le moyen le plus direct et le plus efficace de servir ces deux nobles causes qui sont tout ensemble, et notre plus grand souci, et notre plus chère consolation : *Religion* et *Patrie*.

**FERNAND NICOLAŸ,**
Avocat.
Paris, 121, Boulev. St-Michel.

# PROJET DE LOI

## Relatif à l'électorat politique.

(Ce projet vise seulement les réformes principales qu'il conviendrait d'apporter : il permettrait de conserver dans ses autres dispositions toute la législation électorale qui nous régit.)

ART. 1. — L'universalité du suffrage est maintenue en tant que représentation des personnes (*a*) : en conséquence, est électeur sans condition de cens, tout Français âgé de vingt-cinq ans révolus (*b*), jouissant de ses droits civils et politiques, et résidant dans la commune depuis un an au moins (*c*).

ART. 2. — Sont exclus des listes électorales comme indignes, tous les individus condamnés à quinze jours de prison au moins pour les délits énumérés en l'article 15, §§ 4 et 10, et en l'article 16 du décret organique du 2 février 1852 (*d*).

(*a*) En admettant la pluralité des votes, on pare à l'injustice et aux périls du régime actuel : on peut, dès lors, maintenir l'universalité du suffrage et donner dans une certaine mesure satisfaction à l'opinion sans aucun danger.

(*b*) La commission chargée d'élaborer la loi des 7-11 juillet 1874 sur l'électorat municipal portait à 25 ans l'âge de l'électeur. Le rapporteur estimait « que cette disposition serait bientôt appliquée à toutes les élec-« tions. » D'ailleurs elle semble s'imposer, depuis la nouvelle loi sur le service militaire (25 juillet-17 août 1872, art. 36, 44 et 46, § 5).

(*c*) La loi du 14 avril 1871 sur le régime municipal exigeait un an de domicile réel.

(*d*) Puisqu'il est nécessaire d'épurer l'électorat, pourquoi ne pas commencer par éliminer le plus possible ceux qui, par la nature même de leurs

Art. 3. — Le vote est obligatoire (*e*) : l'abstention sera punie d'une amende qui ne pourra être inférieure à ..... francs, ni supérieure au ......ième du taux de l'impôt mobilier payé par l'électeur. L'amende sera perçue par le mode ordinaire de recouvrement de l'impôt et par simple addition.

Art. 4. — L'abstention n'est excusable que pour cause majeure d'empêchement : les excuses, ainsi que les réclamations, sont appréciées par les commissions électorales, et par le juge de paix en appel (*f*), conformément aux articles 1, 2, 3 et 4 de la loi des 7-11 juillet 1874 sur l'électorat municipal.

Art. 5. — L'électeur qui aura justifié de certaines capacités en faisant viser à la mairie de sa commune, ses brevets, titres ou diplômes, aura droit à un second vote dans l'élection. Y auront droit aussi les individus suivants, savoir........ (*g*).

Art. 6. — Tout électeur qui, conformément à l'article précédent, aura fait constater sa condition d'époux ou de veuf avec

délits, dénotent de dangereux instincts? Aux termes de l'art. 15 du décret précité, on n'est pas déchu de l'honneur du vote bien qu'on ait falsifié des boissons (C. P., 318); vendu à faux poids (423); volontairement brûlé ou détruit les registres et actes publics (439); dévasté des récoltes (444); empoisonné des bestiaux (452), à la seule condition que la condamnation soit inférieure à trois mois de prison. On comprend difficilement une pareille tolérance. Qui exclura-t-on si on n'éloigne pas de semblables délinquants?

(*e*) Il importe de remarquer que le vote est plutôt encore un devoir qu'un droit : c'est à ce titre qu'il peut être déclaré obligatoire. Qu'on ne dise point qu'il n'est pas possible de contraindre quelqu'un à professer une opinion politique. En effet, l'électeur qui ne voudra pas prendre part pourra satisfaire à la loi en déposant un simple bulletin blanc. Qu'une semblable mesure soit humiliante, on ne peut le nier; mais n'est-elle pas devenue nécessaire?

(*f*) Les excuses seront moins fréquentes qu'on ne le croirait tout d'abord: l'électeur qui n'aura pas un sérieux motif à invoquer aimera mieux aller voter que de se déranger plus tard pour s'aller faire excuser.

(*g*) C'est ainsi que l'article 53 de la nouvelle loi sur l'armée (17 août 1872) accorde l'avantage de l'engagement d'un an aux jeunes gens « qui ont « obtenu des diplômes de bacheliers ès lettres, bacheliers ès sciences; des « diplômes de fin d'études ou des brevets de capacité... »

enfant par la présentation d'un extrait des registres de l'état civil, aura par ce seul fait droit à une voix nouvelle.

Art. 7. — S'il prouve en outre qu'il est inscrit depuis un an au moins au rôle de la contribution foncière ou des patentes pour une somme qui ne pourra être inférieure à ...... francs, il aura encore une voix en plus.

Art. 8. — Le nombre des votes sera indiqué par un numéro qui devra être inscrit sur la carte de l'électeur (*h*).

Art. 9. — Ne peuvent être éligibles, sauf les ministres d'un culte, que les électeurs ayant droit au moins à un vote en plus de celui prévu par l'art. 6 de la présente loi (*i*).

(*h*) Au jour de l'élection et sur la présentation de sa carte, l'électeur déposerait dans l'urne autant de bulletins qu'il a de votes; ou bien, ce qui serait plus simple, remettrait un seul bulletin sur lequel un des assesseurs estampillerait le numéro correspondant au nombre de voix de l'électeur.

(*i*) L'exception en faveur des ministres d'un culte est parfaitement motivée : d'un côté, en effet, les études préalables qui leur sont imposées permettent de leur accorder sans injustice le bénéfice de l'article 5 ; et, d'un autre côté, leur condition même s'oppose à ce qu'on leur fasse application des articles 6 et 7.

On voit aussi, comme conséquence de l'art. 9, que l'individu vivant en concubinage sera inéligible comme n'étant pas dans le cas de l'article 6. Cette incapacité atteindra aussi le *célibataire*. De prime-abord, cela paraît peut-être rigoureux : cependant, une semblable disposition peut facilement se légitimer. On ne voit pas, en effet, un seul intérêt qui ne puisse être défendu aussi utilement par celui qui représente le foyer que par le célibataire ; au contraire, on ne saurait sagement demander au célibataire d'avoir à cœur les intérêts de la famille et d'en comprendre les besoins, et cependant, je ne sache pas, pour ainsi dire, de résolution ni de loi qui ne touche la famille d'une façon plus ou moins directe. Dira-t-on que le célibat n'est pas toujours une condition de choix? Nous répondrons que la loi n'est pas faite pour l'exception; que d'ailleurs le célibataire n'est pas indigne, mais incapable : celui qui ne représente pas la famille n'offrant pas ordinairement de suffisantes garanties de moralité ou de stabilité. — Ce n'est pas sa faute s'il est resté dans le célibat! — Soit; mais alors que ne confie-t-on, par exemple, la direction de telle société financière à ceux qui n'y ont aucun intérêt d'engagé? Est-ce leur faute si, peu favorisés de la fortune, ils ne comptent point parmi les premiers actionnaires

Art. 10. — Toutes les dispositions électorales des lois antérieures qui ne sont pas contraires à la présente loi sont maintenues (*j*).

---

## APPENDICE

*Extrait du rapport relatif à la loi électorale municipale des 7-11 juillet 1874.*

N° 22. — Proposition d'accorder un double vote à tout électeur marié ou veuf avec enfant. « Aux yeux de ses auteurs, « cette proposition n'est pas seulement conforme à la vérité « sociale, elle est aussi un contre-poids nécessaire *au suffrage* « *universel.* Sans priver aucun électeur de son vote, elle donne « une influence décisive à ceux qui méritent *le plus* de l'exer- « cer... *Ce serait une protestation contre ces unions qui usur-* « *pent trop souvent la place des alliances sanctionnées par la loi* « *et la religion...* En raison même de son importance et de « cette première apparition d'un principe nouveau, il a été es- « timé qu'il ne fallait pas surprendre l'opinion publique par « la proposition isolée *d'un article aussi* grave. Devant ces ob- « servations, et sans renoncer à la pensée qui l'avait guidée, « la commission, par un vote ultérieur, a abandonné la disposi- « tion qu'elle avait prise d'abord *à une* grande majorité. »

Le vote multiple a été l'objet d'une proposition très-étudiée soumise à l'Assemblée par M. le baron de Jouvenel, et d'un système développé à la tribune par M. le comte de Douhet.

---

(*j*) En résumé, il n'y aurait, pour atteindre le but indiqué par le projet, qu'à inviter les électeurs à produire à leurs mairies respectives ce que chacun d'eux a nécessairement entre les mains, savoir : ses diplômes, acte de mariage et quittances d'impôt.

Une autre proposition a aussi été soumise à l'Assemblée dans le même temps ; elle a trait à la représentation des intérêts.

---

Nous n'osions pas espérer qu'une proposition aussi conforme à l'idée que nous avions à cœur de faire prévaloir, obtiendrait si tôt l'agrément de la majorité de la commission.

Aussi avons-nous confiance plus que jamais.

# TABLE ANALYTIQUE.



Nécessité d'une réforme électorale. — Critique des diverses réformes proposées, dangereuses souvent, insuffisantes toujours. — Le régime censitaire exclusif. — Excellence de la réforme qui se baserait *particulièrement sur la famille.* — Démonstration.

État déplorable des mœurs publiques et de la famille. — Impunité de la séduction. — Quasi-impunité pour l'époux ·infidèle. — Prohibition absolue de la recherche de la paternité. — Caractère exclusivement civil du mariage en France. — Tardiveté des unions. — La presse, le théâtre, le roman l'athéisme..... — Étude de législation comparée. — Les législations étrangères protégent la famille plus sérieusement que nous ne le faisons. — Preuves législatives. — Les délits contre les mœurs et les tolérances de la loi.

Conséquences de la protection insuffisante à l'égard de la famille : — 1° Diminution inquiétante de la natalité en France; preuves, statistique; sur vingt peuples, la France au dix-neuvième rang; — 2° Augmentation des naissances illégitimes; statistique : 1,500,000 enfants naturels; — 3° Augmentation énorme des délits contre les mœurs; leur nombre sextuplé; témoignage des criminalistes.

Les indignités légales dans l'électorat : l'élimination qui en résulte absolument insuffisante. — L'honnête homme légal et l'honnête homme proprement dit.

Nécessité de l'intervention de la loi pour la protection efficace des mœurs. — Profiter de la réforme électorale projetée pour honorer le mariage et la paternité. — Conséquences sociales de la corruption des mœurs. — Témoignages des autorités médicales. — Le père de famille et le célibataire. — De tout temps les législateurs ont senti l'importance de la protection accordée à la paternité et à la famille. — Preuves historiques. — Nombreux monuments législatifs à l'appui.

Convenance de la réforme proposée : son opportunité.

On démontre qu'il y a lieu de maintenir l'universalité du suffrage en tant que représentation des individus; mais qu'il convient de tenir compte, en outre : 1º de l'intelligence garantie par certaines fonctions ou positions sociales; 2º de la condition d'époux; 3º de la qualité de propriétaire. — N'est éligible que celui qui représente le foyer de la famille. — *Quid* relativement aux ministres des cultes? — *Quid* du père naturel? — Conséquence du principe; moralité particulière de la mesure : sa légitimité. — Seul moyen d'exclure de la représentation nationale les fauteurs de désordre qui, en dépit des réformes préconisées jusqu'ici, auraient néanmoins la plénitude du droit électoral, soit comme électeurs, soit, ce qui est plus grave, comme éligibles.

CONCLUSION.

PROJET DE LOI. — Motifs et discussion du projet. — Extrême facilité d'application et de mise à exécution du principe. — Son fonctionnement. — Démonstration.

APPENDICE : Décision favorable de la commission électorale relative à la loi municipale des 7-11 juillet 1874. — Extrait du rapport.

2676 — Paris. Imprimé par Charles Noblet, rue Soufflot, 18.